Impressum
Verlag: BABADADA GmbH, Nedderfeld 112 , 22529 Hamburg
Geschäftsführer / Verlagsleitung: Harald Hof
Druck: Books on Demand GmbH, In de Tarpen 42, 22848 Norderstedt

Imprint
Publisher: BABADADA GmbH, Nedderfeld 112 , 22529 Hamburg, Germany
Managing Director / Publishing direction: Harald Hof
Print: Books on Demand GmbH, In de Tarpen 42, 22848 Norderstedt

classroom
klases telpa

divide
dalīt

186/2

board
tāfele

school yard
skolas pagalms

teacher
skolotājs

paper
papīrs

write
rakstīt

pen
pildspalva

desk
rakstāmgalds

ruler
lineāls

book
grāmata

pupil
skolēns

satchel

skolas soma

pencil case

penālis

pencil

zīmulis

pencil sharpener

zīmuļu asināmais

rubber

dzēšgumija

drawing pad

zīmēšanas bloks

drawing

zīmējums

paintbrush

ota

paint box

krāsas

scissors

šķēres

glue

līme

exercise book

darba burtnīca

homework

mājas darbs

number

skaitlis

add

saskaitīt

subtract

atņemt

multiply

reizināt

calculate

rēķināt

letter

burts

alphabet

alfabēts

word

vārds

text

teksts

read

lasīt

chalk

krīts

lesson

mācību stunda

register

žurnāls

examination

eksāmens

certificate

liecība

school uniform

skolas forma

education

izglītība

encyclopedia

enciklopēdija

university

universitāte

microscope

mikroskops

map

karte

waste-paper basket

papīrgrozs

hotel
viesnīca

hostel
hostelis

currency exchange office
valūtas maiņas punkts

car
automašīna

language

Valoda

yes / no

jā / nē

Okay

Okay

hello

Sveiki!

translator

tulks

Thank you

paldies

how much is…?

Cik maksā…?

I don´t get it

Es nesaprotu

problem

problēma

Good evening!

Labvakar!

Good morning!

Labrīt!

Good night!

Ar labu nakti!

goodbye

Uz redzēšanos

direction

virziens

luggage

bagāža

bag

soma

backpack

mugursoma

guest

viesis

room

istaba

sleeping bag

guļammaiss

tent

telts

tourist information

tūrisma informācija

beach

pludmale

credit card

kredītkarte

breakfast

brokastis

lunch

pusdienas

dinner

vakariņas

Ticket

biļete

elevator

lifts

stamp

pastmarka

border

robeža

customs

muita

embassy

vēstniecība

visa

vīza

passport

pase

airplane
lidmašīna

ship
kuģis

fire truck
ugunsdzēsēju mašīna

bus
autobuss

truck
kravas automašīna

motorboat
motorlaiva

car
automašīna

bike
velosipēds

ferry

prāmis

boat

laiva

motorbike

motocikls

police car

policijas automašīna

racing car

sacīkšu automobilis

rental car

nomas auto

car sharing

auto koplietošana

tow truck

evakuators

garbage truck

atkritumu mašīna

engine

dzinējs

fuel

benzīns

fuel station

degvielas uzpildes stacija

traffic sign

ceļa zīme

traffic

satiksme

traffic jam

sastrēgums

parking lot

stāvvieta

train station

dzelzceļa stacija

tracks

sliedes

train

vilciens

tram

tramvajs

wagon

vagons

helicopter

helikopters

airport

lidosta

tower

tornis

passenger

pasažieris

container

konteiners

carton

kaste

cart

ratiņi

basket

grozs

take off / land

pacelties / nosēsties

city

pilsēta

village

ciems

city center

pilsētas centrs

house

māja

movie theater
kinoteātris

advert
reklāma

street light
laterna

CINEMA

street
iela

taxi
taksometrs

snack shop
kiosks

pedestrian
gājējs

sidewalk
trotuārs

zebra crossing
gājēju pāreja

dumpster
atkritumu tvertne

crossing
krustojums

traffic lights
luksofors

hut

būda

apartment

dzīvoklis

train station

dzelzceļa stacija

city hall

rātsnams

museum

muzejs

school

skola

university

universitāte

bank

banka

hospital

slimnīca

hotel

viesnīca

pharmacy

aptieka

office

birojs

book shop

grāmatnīca

shop

veikals

flower shop

ziedu veikals

supermarket

lielveikals

market

tirgus

department store

tirdzniecības centrs

fishmonger's shop

zivju tirgotājs

mall

tirdzniecības centrs

harbor

osta

park
parks

bench
sols

bridge
tilts

stairs
kāpnes

subway
metro

tunnel
tunelis

bus stop
autobusa pieturvieta

bar
bārs

restaurant
restorāns

postbox
pastkastīte

street sign
ielas nosaukuma plāksne

parking meter
stāvlaika skaitītājs

zoo
zooloģiskais dārzs

swimming pool
peldbaseins

mosque
mošeja

farm

zemnieku saimniecība

pollution

vides piesārņojums

cemetery

kapsēta

church

baznīca

playground

spēļu laukums

temple

templis

landscape

ainava

signpost
ceļrādis

path
ceļš

meadow
pļava

stone
akmens

hiker
ceļotājs

tree
koks

river
upe

grass
zāle

flower
puķe

valley

ieleja

hill

kalns

lake

ezers

forest

mežs

desert

tuksnesis

volcano

vulkāns

castle

pils

rainbow

varavīksne

mushroom

sēne

palm tree

palma

mosquito

moskīts

fly

muša

ant

skudra

bee

bite

spider

zirneklis

landscape - ainava

beetle

vabole

frog

varde

squirrel

vāvere

hedgehog

ezis

hare

zaķis

owl

pūce

bird

putns

swan

gulbis

boar

meža cūka

deer

briedis

moose

alnis

dam

aizsprosts

wind turbine

vēja ģenerators

solar panel

saules baterija

climate

klimats

waiter
viesmīlis

menu
ēdienkarte

chair
krēsls

soup
zupa

pizza
pica

cutlery
galda piederumi

tablecloth
galdauts

starter
uzkoda

main course
pamatēdiens

dessert
deserts

drinks
dzērieni

food
ēdiens

bottle
pudele

fast food

ātrās uzkodas

street food

ielu uzkodas

teapot

tējkanna

sugar bowl

cukurtrauks

portion

porcija

espresso machine

espresso kafijas automāts

high chair

bāra krēsls

bill

rēķins

tray

paplāte

knife

nazis

fork

dakša

spoon

karote

teaspoon

tējkarote

serviette

salvete

glass

glāze

plate
škīvis

soup plate
zupas škīvis

saucer
apakštase

sauce
mērce

salt shaker
sāls trauciņš

pepper mill
piparu dzirnaviņas

vinegar
etiķis

oil
eļļa

spices
garšvielas

ketchup
kečups

mustard
sinepes

mayonnaise
majonēze

special offer
piedāvājums

customer
klients

dairy products
piena produkti

FOR

fruit
augli

shopping cart
iepirkumu ratiņi

butcher's shop

kautuve

bakery

maizes veikals

weigh

svērt

vegetables

dārzeņi

meat

gaļa

frozen food

saldēti produkti

cold cuts

aukstās gaļas uzkodas

canned food

konservi

detergent

pulveris

candy

saldumi

household products

mājsaimniecības preces

cleaning products

tīrīšanas līdzeklis

sales representative

pārdevēja

cash register

kase

cashier

kasieris

shopping list

iepirkumu saraksts

opening hours

darba laiks

wallet

maks

credit card

kredītkarte

bag

soma

plastic bag

maisiņš

water

ūdens

juice

sula

milk

piens

coke

kola

wine

vīns

beer

alus

alcohol

alkohols

cocoa

kakao

tea

tēja

coffee

kafija

espresso

espresso

cappuccino

kapučīno

banana

banāns

apple

ābols

orange

apelsīns

melon

melone

lemon

citrons

carrot

burkāns

garlic

ķiploks

bamboo

bambuss

onion

sīpols

mushroom

sēne

nuts

rieksti

noodles

makaroni

spaghetti

spageti

rice

rīsi

salad

salāti

fries

frī kartupeļi

fried potatoes

cepti kartupeļi

pizza

pica

hamburger

hamburgers

sandwich

sviestmaize

escalope

šnicele

ham

šķiņķis

salami

salami

sausage

desa

chicken

vista

roast

cepetis

fish

zivs

porridge oats

auzu pārslas

muesli

muslis

cornflakes

brokastu pārslas

flour

milti

croissant

radziņš

bread roll

brokastu maizītes

bread

maize

toast

tostermaize

cookies

cepumi

butter

sviests

curd

biezpiens

cake

kūka

egg

ola

fried egg

cepta ola

cheese

siers

ice cream

saldējums

sugar

cukurs

honey

medus

jelly

marmelāde

nougat cream

riekstu krēms

curry

karijs

zemnieku saimniecība

goat

kaza

cow

govs

calf

teļš

pig

cūka

piglet

sivēns

bull

bullis

goose

zoss

duck

pīle

chick

cālis

hen

vista

cockerel

gailis

rat

žurka

cat

kaķis

mouse

pele

ox

vērsis

dog

suns

dog house

suņa būda

garden hose

dārza šļūtene

watering can

lejkanna

scythe

izkapts

plow

arkls

farm - zemnieku saimniecība

sickle

sirpis

hoe

kaplis

pitchfork

mēslu dakša

axe

cirvis

pushcart

ķerra

trough

sile

milk can

piena kanna

sack

maiss

fence

žogs

stable

kūts

greenhouse

siltumnīca

soil

augsne

seed

sēklas

fertilizer

mēslojums

combine harvester

kombains

harvest

novākt ražu

harvest

raža

yams

jamss

wheat

kvieši

soya

soja

potato

kartupelis

corn

kukurūza

rapeseed

rapsis

fruit tree

augļu koks

manioc

manioka

grain

labība

living room

viesistaba

bathroom

vannas istaba

kitchen

virtuve

bedroom

guļamistaba

kids room

bērnu istaba

dining room

ēdamistaba

floor

grīda

wall

siena

ceiling

griesti

cellar

pagrabs

sauna

sauna

balcony

balkons

terrace

terase

pool

baseins

lawn mower

zāles pļāvējs

sheet

gultas veļa

bedspread

sega

bed

gulta

broom

slota

bucket

spainis

switch

slēdzis

32

house - māja

carpet

paklājs

drape

aizkars

table

galds

chair

krēsls

rocking chair

šūpuļkrēsls

armchair

atpūtas krēsls

book
grāmata

blanket
sega

decoration
dekorācija

firewood
malka

film
filma

stereo system
mūzikas centrs

key
atslēga

newspaper
avīze

painting
glezna

poster
plakāts

radio
radio

notebook
pierakstu blociņš

vacuum cleaner
putekļu sūcējs

cactus
kaktuss

candle
svece

fridge
ledusskapis

microwave oven
mikroviļņu krāsns

kitchen scales
virtuves svari

toaster
tosteris

laundry detergent
tīrīšanas līdzekļi

stove
cepeškrāsns

freezer
saldēšanas kamera

dishwasher
trauku mazgājamā mašīna

cooker

plīts

pot

pods

cast-iron pot

katls

wok / kadai

Wok panna

pan

panna

kettle

elektriskā tējkanna

steamer

tvaika katls

baking tray

cepešpanna

crockery

trauki

mug

krūze

bowl

bļoda

chopsticks

irbulīši

ladle

kauss

spatula

lāpstiņa

whisk

putošanas slotiņa

strainer

sietiņš

sieve

siets

grater

rīve

mortar

piesta

barbecue

grilēt

fireplace

atklāts pavards

chopping board

dēlis

rolling pin

mīklas rullis

corkscrew

korķu vilķis

can

bundža

can opener

konservu nazis

oven cloth

virtuves cimdi

sink

izlietne

brush

birste

sponge

sūklis

blender

mikseris

deep freezer

saldētava

baby bottle

bērna pudelīte

tap

ūdenskrāns

kitchen - virtuve

shower
duša

heating
apkure

towel
dvielis

shower curtain
dušas aizkari

bubble bath
vannas putas

bathtub
vanna

glass
glāze

washing machine
veļas mašīna

tap
ūdenskrāns

tiles
flīzes

potty
podiņš

sink
izlietne

toilet
....
tualetes pods

squat toilet
....
Āzijas tipa tualete

bidet
....
bidē

urinal
....
pisuārs

toilet paper
....
tualetes papīs

toilet brush
....
tualetes birste

toothbrush

zobu birste

toothpaste

zobu pasta

dental floss

zobu diegs

wash

mazgāt

hand shower

rokas duša

douche

duša

basin

bļoda

back brush

muguras mazgāšanas birste

soap

ziepes

shower gel

dušas želeja

shampoo

šampūns

flannel

mazgāšanas drāna

drain

noteka

creme

krēms

deodorant

dezodorants

mirror

spogulis

hand mirror

spogulītis

razor

skuveklis

shaving foam

skūšanās putas

aftershave

losjons pēc skūšanās

comb

ķemme

brush

matu suka

hair-dryer

matu fēns

hairspray

matu laka

makeup

grima komplekts

lipstick

lūpu krāsa

nail varnish

nagulaka

cotton wool

vate

nail scissors

šķērītes

perfume

smaržas

washbag

kosmētikas maks

stool

ķeblītis

weighing scales

svari

bathrobe

halāts

rubber gloves

tīrīšanas cimdi

tampon

tampons

sanitary towel

pakete

chemical toilet

ķīmiskā tualete

alarm clock
modinātājs

cuddly toy
mīkstā rotaļlieta

toy car
spēļu automašīna

rattle
grabulis

doll's house
leļļu māja

present
dāvana

balloon

balons

bed

gulta

stroller

bērnu ratiņi

deck of cards

kārtis

jigsaw

puzle

comic

komikss

lego bricks
LEGO klucīši

toy blocks
klucīši

action figure
varoņu figūra

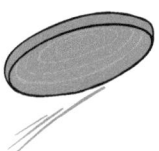

romper suit
rāpulītis

frisbee
lidojošais šķīvītis

mobile
muzikālais karuselis

board game
galda spēle

dice
metamais kauliņš

model train set
rotaļu dzelzceļš

pacifier
māneklis

party
ballīte

picture book
bilžu grāmata

ball
bumba

doll
lelle

play
spēlēt

sandpit

smilšu kaste

swing

šūpoles

toys

rotaļlietas

video game console

spēļu konsole

tricycle

trīsritenis

teddy bear

plīša lācītis

wardrobe

drēbju skapis

clothing
apģērbs

socks

īszeķes

stockings

zeķes

tights

zeķbikses

scarf
šalle

umbrella
lietussargs

t-shirt
T-krekls

belt
siksna

boots
zābaks

slippers
čības

sneakers
botas

sandals
....
sandales

shoes
....
kurpes

rubber boots
....
gumijas zābaki

underwear
....
apakšbikses

bra
....
krūšturis

undershirt
....
apakškrekls

body

bodijs

pants

bikses

jeans

džinsi

skirt

svārki

blouse

blūze

shirt

krekls

pullover

pulovers

sweater

džemperis

blazer

žakete

jacket

jaka

coat

mētelis

raincoat

lietus mētelis

costume

kostīms

dress

kleita

wedding dress

kāzu kleita

suit

uzvalks

nightgown

naktskrekls

pajamas

pidžama

sari

sari

headscarf

lakats

turban

turbāns

burka

burka

kaftan

kaftāns

abaya

abaja

swimsuit

peldkostīms

trunks

peldbikses

shorts

šorti

tracksuit

treniņtērps

apron

priekšauts

gloves

cimdi

button

poga

glasses

brilles

bracelet

rokassprādze

necklace

kaklarota

ring

gredzens

earring

auskars

cap

cepure

coat hanger

drēbju pakaramais

hat

platmale

tie

kaklasaite

zip

rāvējslēdzējs

helmet

ķivere

braces

bikšturi

school uniform

skolas forma

uniform

uniforma

bib

priekšautiņš

pacifier

māneklis

diaper

autiņbiksītes

server
serveris

filing cabinet
dokumentu skapis

printer
printeris

monitor
monitors

paper
papīrs

desk
rakstāmgalds

mouse
pele

folder
dokumentu vāki

keyboard
klaviatūra

chair
krēsls

waste-paper basket
papīrgrozs

computer
dators

coffee mug

kafijas krūze

calculator

kalkulators

internet

internets

laptop

portatīvais dators

letter

vēstule

message

ziņa

cell phone

mobilais tālrunis

network

tīkls

photocopier

kopētājs

software

programmatūra

telephone

telefons

plug socket

rozete

fax machine

faksa aparāts

form

formulārs

document

dokuments

buy

pirkt

pay

samaksāt

trade

tirgot

money

nauda

dollar

dolārs

euro

eiro

yen

jēna

rouble

rublis

Swiss franc

franks

renminbi yuan

juaņa renminbi

rupee

rūpija

cash point

bankomāts

currency exchange office

valūtas maiņas punkts

gold

zelts

silver

sudrabs

oil

nafta

energy

enerģija

price

cena

contract

līgums

tax

nodoklis

stock

akcija

work

strādāt

employee

darbinieks

employer

darba devējs

factory

fabrika

shop

veikals

police officer
policists

fireman
ugunsdzēsējs

cook
pavārs

doctor
ārsts

pilot
pilots

gardener

dārznieks

carpenter

galdnieks

seamstress

šuvēja

judge

tiesnesis

chemist

ķīmiķis

actor

aktieris

bus driver

autobusa vadītājs

taxi driver

taksometra vadītājs

fisherman

zvejnieks

cleaning lady

apkopēja

roofer

jumiķis

waiter

viesmīlis

hunter

mednieks

painter

gleznotājs

baker

maiznieks

electrician

elektriķis

builder

celtnieks

engineer

inženieris

butcher

miesnieks

plumber

skārdnieks

postman

pastnieks

soldier
karavīrs

architect
arhitekts

cashier
kasieris

florist
florists

hairdresser
frizieris

conductor
konduktors

mechanic
mehāniķis

captain
kapteinis

dentist
zobārsts

scientist
zinātnieks

rabbi
rabīns

imam
imāms

monk
mūks

pastor
mācītājs

hammer
āmurs

pliers
knaibles

screwdriver
skrūvgriezis

wrench
uzgriežņu atslēga

torch
kabatas lukturīt

excavator

ekskavators

toolbox

instrumentu kaste

ladder

kāpnes

saw

zāģis

nails

naglas

drill

urbis

repair
remontēt

shovel
lāpsta

Damn!
Velns!

dustpan
liekšķere

paint can
krāsas bundža

screws
skrūves

musical instruments
mūzikas instrumenti

loud speaker
skaļrunis

drum set
bungas

double bass
kontrabass

trumpet
trompete

guitar
ģitāra

piano

klavieres

violin

vijole

bass

bass

timpani

timpāni

drums

bungas

keyboard

digitālās klavieres

saxophone

saksofons

flute

flauta

microphone

mikrofons

musical instruments - mūzikas instrumenti

tiger
tīgeris

entrance
ieeja

cage
būris

zebra
zebra

animal feed
dzīvnieku barība

panda
panda

animals
dzīvnieki

elephant
zilonis

kangaroo
ķengurs

rhino
degunradzis

gorilla
gorilla

bear
lācis

camel

kamielis

ostrich

strauss

lion

lauva

monkey

pērtiķis

flamingo

flamings

parrot

papagailis

polar bear

polārlācis

penguin

pingvīns

shark

haizivs

peacock

pāvs

snake

čūska

crocodile

krokodils

zookeeper

zoodārza sargs

seal

ronis

jaguar

jaguārs

zoo - zooloģiskais dārzs

pony

ponijs

leopard

leopards

hippo

nīlzirgs

giraffe

žirafe

eagle

ērglis

boar

meža cūka

fish

zivs

turtle

bruņurupucis

walrus

valzirgs

fox

lapsa

gazelle

gazele

American football
amerikāņu futbols

cycling
riteņbraukšana

tennis
teniss

basketball
basketbols

swimming
peldēšana

boxing
bokss

ice hockey
hokejs

soccer

futbols

badminton

badmintons

athletics

vieglatlētika

handball

rokas bumba

skiing

slēpošana

polo

polo

laugh
smieties

jump
lēkt

hug
apskaut

walk
iet

sing
dziedāt

dream
sapņot

pray
lūgt

kiss
skūpstīt

write

rakstīt

draw

zīmēt

show

rādīt

push

spiest

give

dot

take

ņemt

have
būt

do
darīt

be
būt

stand
stāvēt

run
skriet

pull
vilkt

throw
mest

fall
krist

lie
gulēt

wait
gaidīt

carry
nest

sit
sēdēt

get dressed
uzģērbt

sleep
gulēt

wake up
pamosties

look at

skatīties

cry

raudāt

stroke

glāstīt

comb

ķemmēt

talk

runāt

understand

saprast

ask

jautāt

listen

dzirdēt

drink

dzert

eat

ēst

tidy up

sakārtot

love

mīlēt

cook

vārīt

drive

braukt

fly

lidot

sail

burot

calculate

rēķināt

read

lasīt

learn

mācīties

work

strādāt

marry

precēties

sew

šūt

brush teeth

tīrīt zobus

kill

nogalināt

smoke

smēķēt

send

sūtīt

activities - darbības

grandmother
vecāmāte

grandfather
vectēvs

father
tēvs

mother
māte

baby
mazulis

daughter
meita

son
dēls

guest

viesis

aunt

tante

uncle

onkulis

brother

brālis

sister

māsa

ķermenis

forehead
piere

eye
acs

shoulder
plecs

finger
pirksts

face
seja

chin
zods

hand
roka

breast
krūtis

leg
kāja

arm
roka

baby

mazulis

man

vīrietis

woman

sieviete

girl

meitene

boy

zēns

head

galva

back
mugura

belly
vēders

navel
naba

toe
kājas pirksts

heel
papēdis

bone
kauls

hip
gurns

knee
celis

elbow
elkonis

nose
deguns

buttocks
dibens

skin
āda

cheek
vaigs

ear
auss

lip
lūpa

body - ķermenis

mouth

mute

tooth

zobs

tongue

mēle

brain

smadzenes

heart

sirds

muscle

muskulis

lung

plaušas

liver

aknas

stomach

kuņģis

kidneys

nieres

sex

dzimumakts

condom

kondoms

ovum

olšūna

semen

sperma

pregnancy

grūtniecība

body - ķermenis

menstruation

menstruācijas

vagina

vagīna

penis

penis

eyebrow

uzacs

hair

mati

neck

kakls

hospital
slimnīca

ambulance
ātrā palīdzība

wheelchair
ratiņkrēsls

fracture
lūzums

doctor

ārsts

emergency room

neatliekamās palīdzības
nodaļa

nurse

medmāsa

emergency

ārkārtas gadījums

unconscious

paģībis

pain

sāpes

injury

ievainojums

bleeding

asiņošana

heart attack

sirdslēkme

stroke

insults

allergy

alerģija

cough

klepus

fever

temperatūra

flu

gripa

diarrhea

caureja

headache

galvassāpes

cancer

vēzis

diabetes

diabēts

surgeon

ķirurgs

scalpel

skalpelis

operation

operācija

CT

datortomogrāfija

x-ray

rentgents

ultrasound

ultraskaņa

face mask

sejas maska

disease

slimība

waiting room

uzgaidāmā telpa

crutch

kruķis

plaster

plāksteris

bandage

apsējs

injection

injekcija

stethoscope

stetoskops

stretcher

nestuves

clinical thermometer

termometrs

birth

dzemdības

overweight

liekais svars

hearing aid

dzirdes aparāts

disinfectant

dezinfekcijas līdzeklis

infection

infekcija

virus

vīruss

HIV / AIDS

HIV / AIDS

medicine

zāles

vaccination

pote

tablets

tabletes

pill

pretapaugļošanās tablete

emergency call

ārkārtas izsaukums

blood pressure monitor

asinsspiediena mērītājs

ill / healthy

slims / vesels

hospital - slimnīca

Help!

Palīgā!

alarm

trauksme

assault

uzbrukums

attack

uzbrukums

danger

bīstamība

emergency exit

avārijas izeja

Fire!

Uguns!

fire extinguisher

ugunsdzēšamais aparāts

accident

negadījums

first-aid kit

pirmās palīdzības aptieciņa

SOS

SOS

police

policija

Europe

Eiropa

North America

Ziemeļamerika

South America

Dienvidamerika

Africa

Āfrika

Asia

Āzija

Australia

Austrālija

Atlantic

Atlantijas okeāns

Pacific

Klusais okeāns

Indian Ocean

Indijas okeāns

Antarctic Ocean

Dienvidu okeāns

Arctic Ocean

Ziemeļu ledus okeāns

North pole

Ziemeļpols

South pole

Dienvidpols

Antarctica

Antarktika

earth

zeme

land

zeme

sea

jūra

island

sala

nation

nācija

state

valsts

clock face

ciparnīca

hour hand

stundu rādītājs

minute hand

minūšu rādītājs

second hand

sekunžu rādītājs

What time is it?

Cik ir pulkstenis?

day

diena

time

laiks

now

tagad

digital watch

digitālais pulkstenis

minute

minūte

hour

stunda

week
nedēļa

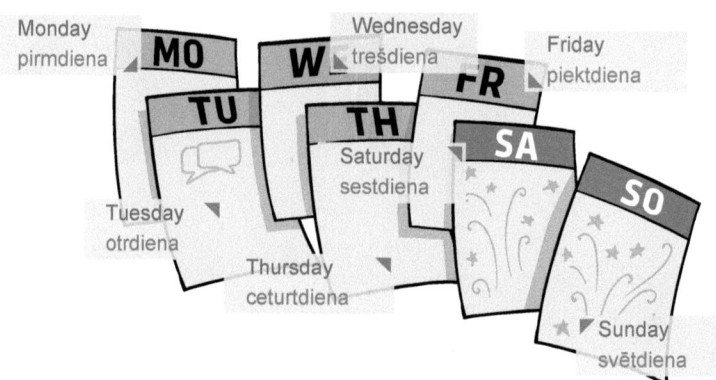

Monday
pirmdiena

Wednesday
trešdiena

Friday
piektdiena

Tuesday
otrdiena

Saturday
sestdiena

Thursday
ceturtdiena

Sunday
svētdiena

yesterday

vakardien

today

šodien

tomorrow

rītdien

morning

rīts

noon

pusdienlaiks

evening

vakars

MO	TU	WE	TH	FR	SA	SU
1	2	3	4	5	6	7
8	9	10	11	12	13	14
15	16	17	18	19	20	21
22	23	24	25	26	27	28
29	30	31	1	2	3	4

workdays

darbadienas

MO	TU	WE	TH	FR	SA	SU
1	2	3	4	5	6	7
8	9	10	11	12	13	14
15	16	17	18	19	20	21
22	23	24	25	26	27	28
29	30	31	1	2	3	4

weekend

brīvdienas

rain
lietus

spring
pavasaris

summer
vasara

wind
vējš

fall
rudens

snow
sniegs

winter
ziema

weather forecast

laika prognoze

thermometer

termometrs

sunshine

saules gaisma

cloud

mākonis

fog

migla

humidity

gaisa mitrums

lightning

zibens

thunder

pērkons

storm

vētra

hail

krusa

monsoon

musons

flood

plūdi

ice

ledus

January

janvāris

February

februāris

March

marts

April

aprīlis

May

maijs

June

jūnijs

July

jūlijs

August

augusts

September
....
septembris

October
....
oktobris

November
....
novembris

December
....
decembris

shapes
formas

circle
....
aplis

square
....
kvadrāts

rectangle
....
četrstūris

triangle
....
trīsstūris

sphere
....
lode

cube
....
kubs

white

balts

yellow

dzeltens

orange

oranžs

pink

sārts

red

sarkans

purple

lillā

blue

zils

green

zaļš

brown

brūns

gray

pelēks

black

melns

a lot / a little

daudz / maz

angry / calm

saniknots / miermīlīgs

beautiful / ugly

skaists / neglīts

beginning / end

sākums / beigas

big / small

liels / mazs

bright / dark

gaišs / tumšs

brother / sister

brālis / māsa

clean / dirty

tīrs / netīrs

complete / incomplete

pilnīgs / nepilnīgs

day / night

diena / nakts

dead / alive

miris / dzīvs

wide / narrow

plats / šaurs

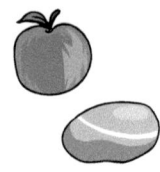

edible / inedible

baudāms / nebaudāms

evil / kind

nikns / laipns

excited / bored

satraukts / garlaikots

fat / thin

resns / tievs

first / last

pirmais /pēdējais

friend / enemy

draugs / ienaidnieks

full / empty

pilns / tukšs

hard / soft

ciets / mīksts

heavy / light

smags / viegls

hunger / thirst

izsalkums / slāpes

ill / healthy

slims / vesels

illegal / legal

nelegāls / legāls

intelligent / stupid

inteliģents / dumjš

left / right

kreisais / labais

near / far

tuvu / tālu

new / used

jauns / lietots

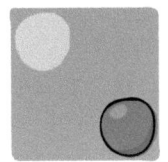

nothing / something

nekas / kaut kas

old / young

vecs / jauns

on / off

ieslēgts / izslēgts

open / closed

atvērts / slēgts

quiet / loud

kluss / skaļš

rich / poor

bagāts / nabags

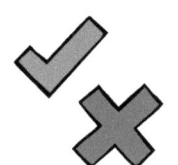

right / wrong

pareizi / nepareizi

rough / smooth

raupjš / gluds

sad / happy

noskumis / laimīgs

short / long

īss / garš

slow / fast

lēns / ātrs

wet / dry

slapjš / sauss

warm / cool

silts / vēss

war / peace

karš / miers

opposites - pretstati

0

zero

nulle

1

one

viens

2

two

divi

3

three

trīs

4

four

četri

5

five

pieci

6

six

seši

7

seven

septiņi

8

eight

astoņi

9

nine

deviņi

10

ten

desmit

11

eleven

vienpadsmit

12

twelve

divpadsmit

13

thirteen

trīspadsmit

14

fourteen

četrpadsmit

15

fifteen

piecpadsmit

16

sixteen

sešpadsmit

17

seventeen

septiņpadsmit

18

eighteen

astoņpadsmit

19

nineteen

deviņpadsmit

20

twenty

divdesmit

100

hundred

simts

1.000

thousand

tūkstotis

1.000.000

million

miljons

languages
Valodas

English
....
angļu

American English
....
amerikāņu angļu

Chinese Mandarin
....
ķīniešu mandarīnu valoda

Hindi
....
hindi

Spanish
....
spāņu

French
....
franču

Arabic
....
arābu

Russian
....
krievu

Portuguese
....
portugāļu

Bengali
....
bengāļu

German
....
vācu

Japanese
....
japāņu

I

es

you

tu

he / she / it

viņš / viņa

we

mēs

you

jūs

they

viņi / viņas

who?

kas?

what?

ko?

how?

kā?

where?

kur?

when?

kad?

name

vārds

behind

aiz

in

iekšā

in front of

priekšā

over

virs

on

uz

under

zem

beside

blakus

between

starp

place

vieta